BEI GRIN MACHT SICH IHR
WISSEN BEZAHLT

AF145777

- Wir veröffentlichen Ihre Hausarbeit,
  Bachelor- und Masterarbeit

- Ihr eigenes eBook und Buch -
  weltweit in allen wichtigen Shops

- Verdienen Sie an jedem Verkauf

**Jetzt bei www.GRIN.com hochladen
und kostenlos publizieren**

Bibliografische Information der Deutschen Nationalbibliothek:

Die Deutsche Bibliothek verzeichnet diese Publikation in der Deutschen National-
bibliografie; detaillierte bibliografische Daten sind im Internet über http://dnb.d-
nb.de/ abrufbar.

Dieses Werk sowie alle darin enthaltenen einzelnen Beiträge und Abbildungen
sind urheberrechtlich geschützt. Jede Verwertung, die nicht ausdrücklich vom
Urheberrechtsschutz zugelassen ist, bedarf der vorherigen Zustimmung des Verla-
ges. Das gilt insbesondere für Vervielfältigungen, Bearbeitungen, Übersetzungen,
Mikroverfilmungen, Auswertungen durch Datenbanken und für die Einspeicherung
und Verarbeitung in elektronische Systeme. Alle Rechte, auch die des auszugsweisen
Nachdrucks, der fotomechanischen Wiedergabe (einschließlich Mikrokopie) sowie
der Auswertung durch Datenbanken oder ähnliche Einrichtungen, vorbehalten.

Impressum:

Copyright © 2017 GRIN Verlag
Druck und Bindung: Books on Demand GmbH, Norderstedt Germany
ISBN: 9783668686885

Dieses Buch bei GRIN:

https://www.grin.com/document/387332

Kimberly Dipper

**Psychologie des Gesundheitsverhaltens. Selbstwirksam-
keitserwartung und chronische Erkrankung**

GRIN Verlag

GRIN - Your knowledge has value

Der GRIN Verlag publiziert seit 1998 wissenschaftliche Arbeiten von Studenten, Hochschullehrern und anderen Akademikern als eBook und gedrucktes Buch. Die Verlagswebsite www.grin.com ist die ideale Plattform zur Veröffentlichung von Hausarbeiten, Abschlussarbeiten, wissenschaftlichen Aufsätzen, Dissertationen und Fachbüchern.

Besuchen Sie uns im Internet:

http://www.grin.com/

http://www.facebook.com/grincom

http://www.twitter.com/grin_com

Deutsche Hochschule für

Prävention und Gesundheitsmanagement

Einsendeaufgabe

Fachmodul: Psychologie des Gesundheitsverhaltens

Studiengang: Gesundheitsmanagement BA

Datum
Präsenzphase   04.09.17 – 06.09.17

Name, Vorname: Dipper, Kimberly

Studienort: Köln

Semester: Sommersemester 2017

Inhaltsverzeichnis

1 Selbstwirksamkeitserwartung

1.1 Definition

Die Selbstwirksamkeitserwartung bezogen auf die sozial-kognitive Lerntheorie von Bandura (1994) beschreibt eine psychologische Handlung in Bezug auf die Leistungsentwicklung bei Menschen. Umso höher die Einschätzungen persönlicher Kompetenzen und die Überzeugungen der eigenen Fähigkeiten sind, desto standhafter und leistungswilliger werden Menschen bei extremen Belastungen und der Bewältigung von Aufgaben. Die Selbstwirksamkeit wird durch positive Erfahrungen, die aus eigener Energie hervorgebracht wird, entwickelt. Erlebt eine Person eher erfolglose Erfahrungen, so ist ihre Selbstwirksamkeitserwartung unbefriedigend. Der Glaube daran, selbst etwas zu ermöglichen, deutet hingegen auf eine hohe Selbstwirksamkeitserwartung hin (vgl. Egger, 2015).

1.2 Diagramm zur Messung spezifischer Selbstwirksamkeitserwartung

1.2.1 Auswertung des Fragebogens zum Thema „gesunde Ernährung"

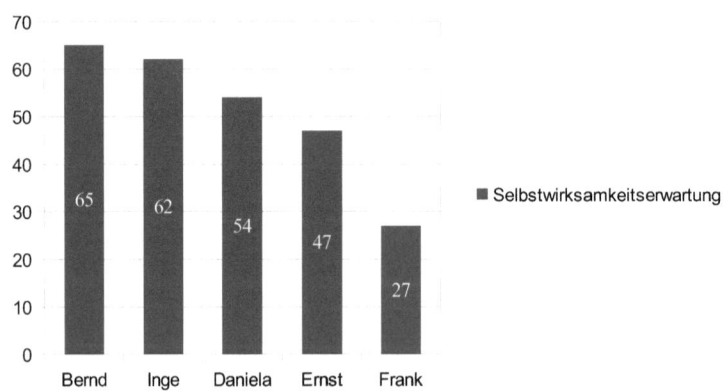

Abbildung 1: Messung der spezifischen Selbstwirksamkeitserwartung bei gesunder Ernährung (Eigendarstellung)

1.2.2 Bewertung und Zusammenfassung des Diagramms

Das Diagramm stellt die gemessenen Ergebnisse von fünf verschiedenen Probanden aus dem privaten Umfeld zum Thema „spezifische Selbstwirksamkeitserwartung" im Bereich „gesunde Ernährung" dar. Die jeweiligen zwölf Fragen der Probanden wurden zusammengezählt, um einen individuellen Testwert zu bestimmen. Erkennbar ist, dass die Ergebnisse deutliche Abweichungen aufweisen. Die Probanden Bernd mit dem höchsten Wert und Inge mit dem darauffolgenden Wert weisen eine relativ hohe Selbstwirksamkeitserwartung auf. Proband Frank weist hingegen mit 27 Punkten den niedrigsten Wert der Personen auf. Grundlegend lässt sich feststellen, dass die Teilnehmer im Bereich gesunder Ernährung unterschiedlich starke Selbstwirksamkeitserwartungen aufweisen und die Prioritäten nicht einheitlich gesetzt wurden. Momentane private Verfassung sowie das eigene psychische und physische Wohlbefinden sind repräsentativ für eine präzise Messung der Selbstwirksamkeitserwartung. Fortführend bieten der soziale Status, das Alter und das Umfeld sowie die Messung an mehr als fünf Teilnehmern deutlichere Ergebnisse. Daher ist diese Studie mit nur fünf Teilnehmern nicht repräsentativ.

1.3 Recherche zu wissenschaftlichen Studien der Selbstwirksamkeitserwartung

1.3.1 Vergleiche der Studien von Dohnke et al. (2006) und Schneider & Rief (2007)

Tab. 1: Vergleich zwischen zwei wissenschaftlichen Studien zum Thema „Selbstwirksamkeitserwartung" (Dipper, 2017) dazugehörend Dohnke et al. (2006) und Schneider & Rief (2007)

	Dohnke et al. (2006)	Schneider & Rief (2007)
Fragestellung (en)	In der prospektiven Beobachtungsstudie wurden Personen darauf untersucht, wie erfolgreich die Rehabilitation infolge eines Hüftgelenksersatzes war. Personen, die zu Beginn der Reha eine hohe Selbswirksamkeitserwartung aufwiesen, erreichten am Ende ein besseres Ergebnis, als die Personen, die eine niedrigere Selbstwirksamkeitserwartung zeigten. Zudem wurde auch auf das emotionale Wohlbefinden, den Gesundheitszu-	In der Studie zu Therapieerfolgen bei Patienten mit Schmerzstörungen wurde untersucht, ob sich die Selbstwirksamkeit steigert, wenn ein Therapieerfolg existiert. Zusätzlich wurde auch erprobt, welche Therapieform Einfluss auf die Selbstwirksamkeitserwartung hat.

	stand und die behandlungsbezogene Erfahrung geachtet.	
Stichprobe	Es nahmen 1065 Personen mit Hüftgelenksersatz an der Beobachtungsstudie teil. Sie startete ca. 21,56 Tage nach der Operation. 60 % von den Personen waren Frauen und 40 % Männer. Die Studie wurde an 13 verschiedenen orthopädischen Kliniken unter der Betreuung von Ärzten durchgeführt. 92 % der betreuten Personen hatten eine Hüftarthrose. Das Durchschnittsalter lag bei 64,58 Jahren. Die Rehabilitationsdauer lag im Schnitt bei 22,64 Tagen.	In einer Feldstudie wurden 316 Personen in dem Zeitraum April 2002 bis Juli 2003 mit der Hauptdiagnose somatoformer Schmerzstörung getestet. Alle Patienten erhielten stationäre, psychosomatische Rehabilitation. Die getesteten Personen waren zu 85,1 % weiblich und im Schnitt 47,9 Jahre alt. Sie blieben 38,4 Tage zur stationären Behandlung und erhielten 2,6 Diagnosen. Darunter waren 54,8 % erwerbstätige Personen, 14,6 % nicht erwerbstätig, 30,7 % Rentner und 26,9 % arbeitslos.
Materialien/Test	Die Studie wurde mit einem Fragebogen durchgeführt. Er bezieht sich auf das Geschlecht, das Alter, die Schmerzen und die eingeschränkten ADL-Funktionen zum Zeitpunkt des Reha-Beginns und des Reha-Endes. Der Reha-Beginn wurde mit T1, das Reha-Ende mit T2, und sechs Monate nach Entlassung mit T3 gekennzeichnet. Auch die Ergebnis– und Selbstwirksamkeitserwartung, die Angaben zum körperlichen Zustand und die Depressivität zum Zeitpunkt T1 waren von Bedeutung. Drei Belastungssituationen wurden mit Unterstützung von 11-stufigen Ratingskalen, die nummeriert waren, abgefragt.	Es fand sowohl zu Beginn stationärer psychosomatischer Rehabilitation, als auch zum Ende hin eine Überprüfung bezüglich der Schmerzbewältigungsstrategien, schmerzbedingter und allgemein psychischer Beeinträchtigung sowie Selbstwirksamkeitserwartung statt. Mit einem Strukturgleichungsmodell wurden die Inhalte der Studie bei der Entlassung mit einem Therapieerfolgsranking evaluiert.
Untersuchungsdesign	Prospektive Beobachtungsstudie sowie Längs- und Querschnittsanalyse	Feldstudie
Hauptergebnisse	Je höher die Selbstwirksamkeitserwartung der beiden Erwartungstypen zu Beginn war, desto weniger Schmerzempfinden und mehr Aktivität war zum Ende hin zu messen. Auch die Depressivitätswerte waren deutlich niedriger. Einfluss auf die positiven Erwartungstypen haben zusätzlich auch das emotionale Wohlbefinden und die körperliche Gesundheit.	In Abhängigkeit von Veränderungen der Schmerzbewältigungsstrategien ändert sich bei somatoformen Schmerzpatienten die Selbstwirksamkeitserwartung.

1.3.2 Kritischer Vergleich beider wissenschaftlicher Studien

In beiden Studien ist festzustellen, dass Dohnke et al. (2006) und Schneider & Rief (2007) sich mit der Selbstwirksamkeitserwartung in Bezug auf Therapieergebnisse beschäftigt haben. Studie 1) von Dohnke et al. wurde mit einer elfstufigen Rankingskala ausgewertet. Die prospektive Beobachtungsstudie fiel durch die Querschnitt- und Längsschnittanalyse positiv aus. Dies führte zu dem Ergebnis, dass Patienten, die vor dem Reha-Beginn eine hohe Selbstwirksamkeitserwartung aufwiesen, auch ein positiveres Rehabilitationsergebnis nachweisen konnten. Bei der Studie 2) von Schneider & Rief wurde mit einem Strukturgleichungsmodell ausgewertet. Sie bestätigte die Verbesserung der Selbstwirksamkeitserwartung in Abhängigkeit der Schmerzbewältigungsstrategien. Studie 1) zeigte zusammengefasst, dass umso höher die Selbstwirksamkeitserwartung und die Ergebniserwartung zu Beginn einer anstehenden Rehabilitation waren, die Rehabitlitation zum Rehabilitationsende positiver ausfiel. Ein hoher körperlicher Gesundheitszustand, emotionales Wohlbefinden und eine niedrige Deprissivitätsrate wiesen auf eine höhere Selbstwirksamkeitserwartung hin. Studie 2) zeigte zusammengefasst, dass durch eine Verbesserung der Schmerzbewältigungstherapie die Selbstwirksamkeitserwartung bei somatoformen Schmerzpatienten gestiegen ist, obwohl sie zu Beginn niedriger war. Schlussendlich lässt sich sagen, umso höher die Selbstwirksamkeitserwartung, desto niedriger auch das Schmerzempfinden.

2 Literaturrecherche

2.1 Definition von chronischer Erkrankung

Unter chronischer Erkrankung wird eine langanhaltende Krankheit verstanden, die häufig mehr als ein Symptom aufweist und Menschen bis zu ihrem Lebensende begleitet. Betroffen ist darunter meist die psychische, physische und biologische Ausgewogenheit des Menschen (vgl. H. Raspe, 2010, S. 4-8). Entsteht ein Ungleichgewicht zwischen den verschiedenen Ebenen des menschlichen Apparats, könnten fehlende Kompetenzen zur Erledigung von auftretenden Störungen oder Überforderungen im Regelkreis des Individuums führen. Dies hat laut dem biopsychosozialen Modell Krankheit zur Folge (vgl. Josef W. Egger, 2005, S. 5). Oftmals ist die Weiterentwicklung der Krankheit nicht vorherzusagen, weswegen sie in den meisten Fällen nicht heilbar ist. Zu den chronischen Erkrankungen gehören beispielsweise Diabetes Mellitus, rheumatische Erkrankungen, Muskel-Skelett- Erkrankungen und chronische Hauterkrankungen, die je nachdem mit einer Komorbidität (Folgeerkrankung) auftreten können (vgl. Schüßler, G., 1998, S. 382-383).

2.2 Theoretische Grundlage chronischer Erkrankungen

Mit dem Wandel der Zeit hat sich auch unser Lebensstil verändert. Dieser führt vermehrt zu Bequemlichkeit, Passivität und Fehlernährung, wodurch sich eine eher träge Menschheit entwickelt. Kinder und Jugendliche nutzen zunehmend Bus und Bahn, um zur Schule zu kommen. Außerdem sitzen sie oftmals bis in den späten Nachmittag in der Schule und haben nicht die Möglichkeit, sich viel zu bewegen. Auch im Erwachsenenalter ist die Bewegungsmöglichkeit eher gering, da die Arbeit oft den größten Teil des Tages einnimmt. Fortführend unterstützt der starke Konsum von elektronischen Endgeräten eher die Passivität. Dazu kommen die Bequemlichkeit und auch die finanziellen Beweggründe, die dazu führen, Fertigessen zu kaufen oder unterwegs im Fast-Food-Laden etwas zu besorgen. Die aufgeführten Lebensumstände und der Lebensstil der heutigen Zeit sorgen dementsprechend zu nicht übertragbaren Krankheiten wie Adipositas, Herz-Kreislauf-Erkrankungen sowie chronischen Rückenschmerzen. Die Folgen dafür sind hohe finanzielle Belastungen für das Gesundheitssystem und mögliche Folgeerkrankungen wie Krebs (vgl. Efferts et al., 2015).

2.3 Entstehung von chronischen Erkrankungen

In der damaligen Zeit waren Infektionskrankheiten sehr verbreitet und wurden als Zivilisationskrankheiten bezeichnet. Dank des medizinischen und technischen Fortschritts und den gesundheitsförderlichen Gestaltungen der Lebensbedingungen in den Industrieländern ist die Anzahl von Infektionskrankheiten gesunken. Dafür ist die Anzahl an chronischen Erkrankungen stark gestiegen und eine der Haupttodesursachen geworden, weshalb sie auch als neue Zivilisationskrankheit bezeichnet wird (vgl. A. Maaz et al. 2006, S. 5-23). Durch begleitende Risikofaktoren ab dem Kindesalter an, wie beispielsweise mangelnde Bewegung, Fehlernährung, Tabak- und Alkoholkonsum sowie auch ein niedriger sozialer Status können Krankheiten entstehen, welche letztendlich zu chronischen Erkrankungen wie Asthma und chronische-obstruktive Lungenerkrankung (COPD) oder Diabetes Mellitus führen (vgl. Gesundheitsberichterstattung des Bundes, 2017).

2.4 Überblick aktuelle Daten und Zahlen

Das Robert-Koch Institut hat sich während einer Studie „Gesundheit in Deutschland aktuell 2010" (GEDA, 2010) mit dem „chronischen Kranksein" beschäftigt und 22.050 Personen in den Jahren 2009 und 2010 mit einer Einzelfrage befragt. Sie wurden nach Alter, Geschlecht, Bildungsstand und Region eingeteilt und dementsprechend ausgewertet. Die Auswertung im Faktenblatt zeigt, dass vor allem der Unterschied zwischen den Geschlechtern zu sehen ist. Die Frauen liegen hier prozentual höher als die Männer. Zudem spielt die Altersgruppe eine große Rolle. Die Hälfte der befragten Männer über 65 Jahren leiden unter chronischen Erkrankungen, bei den Frauen sind es sogar 60 %. Die unteren Bildungsgruppen weisen ab einem Alter von 30 Jahren bei den Frauen höhere Anteile auf, während bei den Männern die Zahl nur im Alter von 30 bis 64 Jahren etwas höher liegt. Schlussfolgernd zeigt die Studie, dass ein großer Teil in Deutschland an chronischen Erkrankungen leidet. Präventions- und Interventionsmaßnahmen zur Verhinderung von Folgeerkrankungen und der Entstehung von chronischen Krankheiten sollten daher an Bedeutung gewinnen (vgl. Robert-Koch-Institut, 2012).

2.5 Präventions- und Interventionsprogramme zur Reduktion von Gesundheitsrisiken bei chronischer Erkrankung

Während der Kindheit sollte schon auf eine gesunde Lebensweise geachtet werden. Durch fehlerhafte Ernährung und zu wenig Bewegung können Risikofaktoren entstehen, welche chronische Erkrankungen wie Diabetes Mellitus und Herz-Kreislauf-Erkrankungen begünstigen. Viele mögliche Präventionsprogramme bieten schon im Kindesalter zur Vorbeugung von chronischen Erkrankungen Kurse an. Durch Verhältnisprävention kann beispielsweise mithilfe von Veränderungen des Lebensstils Übergewicht vorgebeugt werden, indem Maßnahmen wie täglich eine Stunde Sport in der Schule oder im Kindergarten angeboten werden. Werbung, die besonders an Kinder gerichtet ist, sollte verboten sowie Präventionsmaßnahmen, die den Mittelpunkt auf gesunde Ernährungs-weisen legen gefördert und in den Vordergrund gestellt werden. Allerdings sollte eine Verknüpfung von Verhaltensprävention und Verhältnisprävention erfolgen, da auf diese Weise alle sozialen Gruppen erreicht werden können. Primär- und Sekundärprävention spielen bei chronischen Erkrankungen ebenfalls eine große Rolle, da sie die Entstehung dieser und auch Folgeerkrankungen verhindern können (vgl. Efferts et al.,2015, S. 95-100).

2.6 Konsequenzen für eine gesundheitsorientierte Beratung

In der Beratung kann durch das Eingehen auf den Kunden mit Berücksichtigung seiner Bedürfnisse und Kompetenzen eine erfolgreiche Lösungsfindung mithilfe der oben ge-nannten Möglichkeiten zustande kommen. In Bezug auf chronische Erkrankungen wä-ren Angebote im Bereich Primärprävention und Sekundärprävention lösungsorientiert. Zusätzlich sollten Eventualitäten zum Thema Ernährungsberatung und aktive Bewe-gungsmöglichkeiten angesprochen werden. Da chronische Erkrankungen sich oftmals nicht nur durch körperliche Beschwerden bemerkbar machen, sondern folgend auch psychische Beschwerden entstehen können, wäre eine Beratung im psychologischen Sinne zusätzlich hilfreich. Das Ziel ist es, in der Primärprävention die Entwicklung von chronischen Krankheiten durch Vermeidung von Risikofaktoren zu verhindern. Demge-genüber sollten bei der Sekundärprävention weitere Risikofaktoren minimiert werden, um Folgeerkrankungen zu verhindern. Zusätzlich kann durch Wissens- und Kompetenz-förderung der Umgang mit chronischen Erkrankungen durch aufklärende Gespräche er-leichtert werden (vgl. Schaeffer, D., Haslbeck, J., 2009, S. 245-251).

3 Beratungsgespräch

3.1 Eingliederung in das HAPA – Modell

Das HAPA-Modell (Health Action Prozess Approach Modell) nach Schwarzer be-schreibt die Bildung einer Verhaltensabsicht sowie die Umsetzung und Aufrechterhal-tung des genannten Ziels einer Person. Es besteht aus zwei beginnenden Phasen: der

Motivationsphase, die bei der Zielbildung endet und zur Phase zwei, der Volitionsphase, übergeht. In der aktiven Handlungsphase wird dann das gesetzte Ziel aktiv umgesetzt. Frau M. ist 30 Jahre alt und wiegt bei einer Größe von 172 cm 88 Kilo. Sie arbeitet Teilzeit als Sekretärin und ist seit der Geburt unzufrieden mit ihrem Körper. Zurzeit treibt Frau M. keinen Sport da sie sich in der letzten Zeit mehr um die Familie gekümmert hat. Zudem isst sie unregelmäßiger und weniger ausgewogen. Frau M. befindet sich im Bereich der ersten Phasen und hat ihr gesundheitliches Risiko wahrgenommen. Ihr Ziel ist es, ihr Gewicht zu reduzieren und sie hat damit den ersten Schritt der klaren Zielsetzung getätigt. Im Beratungsgespräch würde nach der Zielsetzung der Schritt in die Handlungsplanung folgen. Demnach sollten Bedürfnisse und Kompetenzen erfragt sowie die Bedrohung und das gesundheitliche Risiko erörtert werden. Zeitgleich werden Vor- und Nachteile einer Verhaltensänderung analysiert. Hat Frau M. ein lösungsorientiertes Bewusstsein erlangt, kann die aktive Handlungsphase beginnen. Der Berater stärkt die Kundin in ihren physischen und psychischen Ressourcen und klärt sie über die körperlichen Risiken und die bedrohliche Verhaltensweise der momentanen Situation auf, um sie in ihrer Selbstwirksamkeit zu bekräftigen.

3.2   Die Rolle des Beraters

Der Berater nimmt die Rolle eines Begleiters ein und dient dazu, den Kunden beim Entscheidungsprozess lediglich durch Beratung, Information und Handlungsunterstützung zuzusprechen und beizustehen, damit der Kunde am Ende sein angestrebtes Ziel erreichen kann. Während der Beratung sollte die Ideenfindung erstmals nur auf der Seite des Kunden liegen, der Berater hält sich dabei distanziert. So kann der Kunde seine Entwicklungsmöglichkeiten erkunden und bewahrt seinen Freiraum. Während der ersten Begegnung entsteht bereits eine nonverbale und daraufolgend eine verbale Kommunikation. Damit sich richtig auf ein Gespräch vorbereitet werden kann, sollte die mentale und die organisatorische Einstellung beachtet werden. Empfehlenswert wäre es des Weiteren, sich vorher über den Kunden zu Informieren, Materialien bereit zu legen und Gestik, Mimik sowie Körperhaltung wahrzunehmen, um beim ersten Treffen ein vertrauensvolles Erscheinungsbild vorzeigen zu können. Entscheidend ist der erste Eindruck auch für eine positive Beziehungsebene. Nach der Begrüßung spiegelt der Berater das Ausdrucksverhalten des Kunden wider, um eine harmonische und sympathische

Stimmung zu schaffen. Diesen Prozess nennt man Pacing. Hat der Interessent nach einer Zeit ein angenehmes Gefühl durch dieses entwickelt, so wird dies als Rapport bezeichnet. Sofern der Kunde im Anschluss die Compliance entwickelt, ist er bereit Eigenaktivität und aktive Mitarbeit zu leisten. Empfehlenswert ist es mit offenen Fragen die Beweggründe des Interessenten herauszufinden und mit Aufklärung und Informationsbereitschaft ein Problembewusstsein zu schaffen. Um den Kunden bei der Intentionsbildung zu unterstützen, sollten seine Ressourcen genutzt werden. Wenn er eine Zielsetzung geschaffen hat, wurde der Rubikon überschritten, woraufhin in der Volitionsphase das Ziel des Kunden schlussendlich aktiv umgesetzt wird (vgl. Pieter, 2017).

3.3 Gesprächsverlauf eines Beratungsgesprächs

Bevor ich ein Beratungsgespräch beginne, bereite ich mich auf den Interessenten vor, lege mir Materialien bereit und achte auf eine positive Körperhaltung. Ich spreche den Kunden mit seinem Namen an und stelle mich persönlich vor, um direkt eine positive Beziehungsebene aufzubauen. Anschließend gehe ich mit dem Interessenten in unsere Beratungsecke, um das Gespräch im Sitzen fortzuführen.

Berater: Guten Tag Frau M., mein Name ist Kimberly Dipper. Kann ich Ihnen etwas zu trinken anbieten?

Frau M.: Guten Tag, gerne!

Berater: Haben Sie gut hergefunden?

Frau M.: Das Studio liegt etwas versteckt, aber mit dem Navigationssystem habe ich gut hergefunden, danke.

Berater: Frau M., was kann ich denn für Sie tun?

Frau M.: Ich möchte gerne etwas abnehmen, ich fühle mich nicht mehr wohl. Ich habe mich die letzten Jahre mehr um meine Familie gekümmert und hatte kaum Zeit für mich selbst.
(Erkenntnis zu ihrer gesundheitlichen Situation)

Berater: Frau M., können Sie sich vorstellen, woher ihr Unwohlsein kommt?

Frau M.: In meinem Beruf sitze ich zum größten Teil nur, esse sehr unregelmäßig und leider auch eher ungesund. Ich habe nach der Geburt zugenommen und mich auch sportlich nicht mehr betätigt.

Berater: Können Sie mir sagen, was momentan die Vor- und Nachteile Ihres Verhaltens sind und wie sich Ihre Situation weiterentwickeln würde, wenn alles so bleibt?
(Frage, um das Vier-Felder-Schema zu nutzen)

Frau M.: Ja, der Vorteil ist, dass ich viel Zeit mit meiner Familie verbringen kann. Der Nachteil ist, dass ich mich selber unwohl fühle, nicht ausgeglichen bin und ich den Sport vermisse. Das würde sich wahrscheinlich auch nicht ändern.
(Informationsgewinnung, um Problembewusstsein zu schaffen)

Berater: Es scheint Sie schon etwas mitzunehmen. Was können Sie denn für sich konkret ändern, wenn Sie Ihr Verhalten umgestalten würden? Gibt es diesbezüglich Herausforderungen?

Frau M.: Ich könnte wieder mehr Zeit für mich haben, ein- bis zweimal in der Woche zum Sport gehen und mein Gewicht reduzieren, indem ich mehr auf mein Essverhalten achte *(veränderte Bewusstseinslage)*. Ich sehe mehr die Herausforderung darin, mich zum Sport zu motivieren.
(Kosten-Nutzen-Abwägung)

Berater: Von uns würden Sie jedenfalls die bestmögliche Unterstützung bekommen. Sie können sich Ihre Zeiten zum Sporttreiben selbst einteilen und bekommen zusätzlich Übungen für zu Hause mit. Zudem bieten wir auch Power Kurse an, die für Ihr Ziel optimal wären. Was hält Sie davon ab, Ihr Vorhaben in die Tat umzusetzen?
(Unterstützung bei der Intentionsbildung)

Frau M:. Das hört sich alles gut an. Ich finde es auch toll, dass Sie Kurse anbieten. Da ist die Motivation zu kommen höher. Eigentlich hält mich nichts mehr davon ab. Ich muss nur überlegen, wie ich mir die Zeit einteile, um den Kurs zu besuchen.
(Überschreiten des Rubikons, Beginn der Volitionsphase)

Berater: Wie können Sie sich denn vorstellen, Ihren Alltag zu ändern? Was wäre ein erster guter Schritt für Ihr Ziel?
(SMART/ Selbstwirksamkeitserwartung)

Frau M.: Ich werde mir jeden Mittwoch ein bis zwei Stunden zu Beginn Zeit nehmen, um zum Sport zu fahren. Ich hoffe, mir dann auch noch einen weiteren Tag regelmäßig Zeit nehmen zu können. *(Teilziel setzen)*

Berater: Gibt es für Ihr Vorhaben noch etwas zu organisieren?

Frau M.: Ich werde meinen Mann darüber Informieren und gucken, dass meine Kinder versorgt sind. Ich möchte mir auch gerne neue Schuhe für den Sport zulegen. *(Zeitmanagement und Handlungsplanung)*

Berater: Das hört sich doch nach einem guten Plan an! Es scheint, als könnte Ihrem Vorhaben nichts mehr im Wege stehen?! *(Barrieren erkunden, Barrieremanagement)*

Frau M.: Sollten meine Kinder nicht versorgt sein, würde ich abends einen anderen Kurs besuchen kommen, da ist in der Regel auch mein Mann zu Hause. Ich möchte auf jeden Fall mein Ziel erreichen und mich wieder wohl fühlen. *(Zunahme der Selbstwirksamkeitserwartung)*

Berater: Das hört sich super an! Dann sehen wir uns nächste Woche Mittwoch zum Power Kurs!

Frau M.: Ja, genau! Ich freue mich schon. Vielen Dank für Ihre freundliche und kompetente Beratung sowie Ihren Zuspruch für mein Vorhaben, Frau Dipper! Bis Mittwoch.

Berater: Bis Mittwoch, Frau M.

4 Literaturverzeichnis

Anonym, Gesundheitsberichterstattung des Bundes (2015), Handlungsfelder und Herausforderungen (Kapitel 2.14), RKI & DESTATIS.

Bandura, A. (1994). Self-efficacy, Encyclopedia of human behavior (S.71-81). New York: Academic Press.

Dohnke, B. et al. (2006). Der Einfluss von Ergebnis- und Selbstwirksamkeitserwartungen auf die Ergebnisse einer Rehabilitation nach Hüftgelenksersatz. Zeitschrift für Gesundheitspsychologie, 14 (1), S.11–20.

Doris, S., Jörg, H. (2016). Bewältigung chronischer Krankheiten, Soziologie von Gesundheit und Krankheit (S.243-256), Wiesbaden: Springer VS

Efferts, T. et al.(2015). Prävention und Gesundheitsförderung,Wirkungsvolle Prävention chronischer Krankheiten(S. 95–100), Springer-Verlag Heidelberg

Egger, J. (2015). Selbstwirksamkeit. Integrative Verhaltenstherapie und psychotherapeutische Medizin (S.284). Wiesbaden: Springer Fachmedien.

Egger, J. (2005). Das biopsychosoziale Krankheitsmodell. Grundzüge eines wissenschaftlich begründeten ganzheitlichen Verständnisses von Krankheit (S.5-6), Psychologische Medizin.

Maaz, A. et al. (2006). Der Wandel des Krankheitspanoramas und die Bedeutung chronischer Erkrankungen (Epidemiologie, Kosten), Fehlzeiten-Report (S.5-23), Heidelberg: Springer Berlin.

Prof. Doktor Andrea, P. (2017). Studienbrief Psychologie des Gesundheitsverhaltens-Grundlagen der Beratung (rev.17.025.000), Saarbrücken, Deutsche Hochschule für Prävention und Gesundheitsmanagement.

Raspe, H. (2011). Chronische Erkrankungen, Bundesgesundheitsblatt - Gesundheitsforschung – Gesundheitsschutz (S. 4–8), Springer-Verlag.

Robert Koch-Institut (2012). Daten und Fakten, Ergebnisse der Studie »Gesundheit in Deutschland aktuell 2010«. Beiträge zur Gesundheitsberichterstattung des Bundes (S. 67), RKI Berlin. Zugriff am 18.09.2017.

Verfügbar unter:

http://edoc.rki.de/documents/rki_fv/remDCCtjOJxI/PDF/21TgKGZEOWNCY.pdf

Schneider, J. & Rief, W. (2007). Selbstwirksamkeitserwartungen und Therapieerfolge bei Patienten mit anhaltender somatoformer Schmerzstörung (ICD-10: F45.5). Zeitschrift für Klinische Psychologie und Psychotherapie, 36 (1), S.46-56.

Schüßler, G. (1998). Krankheitsbewältigung und Psychotherapie bei körperlichen und chronischen Erkrankungen (Nr.278, S. 382-383), Springer-Verlag.

5   Tabellen und Abbildungsverzeichnis

5.1   Tabellenverzeichnis

5.2 Abbildungsverzeichnis

BEI GRIN MACHT SICH IHR
WISSEN BEZAHLT

- Wir veröffentlichen Ihre Hausarbeit,
  Bachelor- und Masterarbeit

- Ihr eigenes eBook und Buch -
  weltweit in allen wichtigen Shops

- Verdienen Sie an jedem Verkauf

Jetzt bei www.GRIN.com hochladen
und kostenlos publizieren